Bildquellen

S. 18: kleiner Junge, Porträt, © kids.4pictures – Fotolia.com
S. 18: kleines Mädchen, Porträt, © altanaka – Fotolia.com
S. 21: Biene, © Microstockfish – Fotolia.com
S. 21: Schlange, © Eric Isselée – Fotolia.com
S. 26: fauchende Katze, © quietschlein – Fotolia.com
S. 26/30: Schwein, © Lilifox – Fotolia.com
S. 30: Roller, © chungking – Fotolia.com
S. 51: Ziege, © cynoclub – Fotolia.com
S. 51: Geißlein, © ksena32 – Fotolia.com
S. 69: Kirschen, © Natika – Fotolia.com
S. 69: Kölner Dom, Kirche, © Heinz Waldukat – Fotolia.com
S. 73: Jojo, © dispicture – Fotolia.com
S. 73: Wichtel, © Jeanette Dietl – Fotolia.com
S. 76: auf dem Boden liegender Apfel, © Olena Mykhaylova – Fotolia.com
S. 76: Hamburger essen, © Bernd Leitner – Fotolia.com

Impressum

Arbeitsmaterial: Laute mit allen Sinnen erarbeiten

Christine Tröger arbeitete als ausgebildete Grundschullehrerin mit LRS-Zertifikat über 20 Jahre lang in speziellen LRS-Klassen in Sachsen. In zahlreichen Fortbildungen hat sie viele Lehrkräfte aller Schularten mit der LRS-Problematik vertraut gemacht, damit sie den betroffenen Kindern zielgerichtet helfen können.

1. Auflage 2013

Veritaskai 3 · 21079 Hamburg
Fon (040) 32 50 83-060 · Fax (040) 32 50 83-050
info@aol-verlag.de · www.aol-verlag.de

Redaktion: Kathrin Roth
Layout/Satz: Ursula Ewert GmbH, Bayreuth
Coverfoto: © altanaka – Fotolia.com
sämtliche Illustrationen (siehe CD): Scott Krausen

ISBN: 978-3-403-10201-4
Printed in Germany

Engagiert unterrichten. Natürlich lernen.

AOL verlag

Einleitung ... 4

Hinweise zu diesem Buch
Bewusstmachen der Sprechwerkzeuge ... 4
Wortlisten ... 4
Übungsformate: Einsetzübung, Reimen, verwandte Wörter suchen bzw. bei Substantiven die Einzahl oder Mehrzahl bilden ... 4
Silbenrätsel ... 5
Optische Differenzierungsübungen kleiner ähnlich aussehender Buchstaben (m–n, b–d, b–d–p–q) ... 5
Rechtschreibübungen ... 5
Texttheater ... 5

Inhalt der CD
Optische Übungen ... 6
Mundbilder ... 6
Lerntechniken (Lernposter zum Ausdrucken) ... 6
Wortbildkarten für Merkfix ... 6
Kopiervorlage „Lernwörter“ (Blankovorlage) ... 6

Übungen und Spiele zur Sensibilisierung der Sprechwerkzeuge
1. Sensibilisierung der Lippen ... 7
2. Sensibilisierung der Zunge: Zungengymnastik ... 7
3. Sensibilisierung des Kiefers und Kräftigung der Kaumuskulatur ... 8

1. Wörter mit m und n
Wortliste: Wörter mit m und n ... 9
Einsetzübung, Reimen, Einzahl und Mehrzahl ... 10
Silbenrätsel: Wörter mit M, m und N, n ... 11
Optische Differenzierungsübung mit kleinen ähnlich aussehenden Buchstaben: m und n ... 12

2. Wörter mit au und ei
Wortliste: Wörter mit den Zwielauten Au, au und Ei, ei ... 13
Einsetzübung, Reimen, Wortfamilien finden ... 14
Silbenrätsel: Wörter mit den Zwielauten Au, au und Ei, ei ... 15
Rechtschreibübungen: Wörter mit au, Wörter mit ei, Wörter mit au und ei ... 16

3. Wörter mit w und f
Wortliste: Wörter mit W, w und F, f ... 17
Einsetzübung, Reimen, Wortfamilien finden ... 18
Silbenrätsel: Wörter mit W, w und F, f ... 19
Rechtschreibübungen: Wörter mit F, f, Wörter mit W, w, Wörter mit F, f und Wörter mit W, w ... 20

4. Wörter mit s und z
Wortliste: 1 Buchstabe – 2 Laute (Bienen-s und Schlangen-s) ... 21
Wortliste: Wörter mit z (ts) und Bienen-s ... 22
Einsetzübung, Reimen, Einzahl und Mehrzahl ... 23
Silbenrätsel: Wörter mit s und z ... 24
Rechtschreibübungen: Wörter mit s, Wörter mit z, Wörter mit s und z ... 25

5. Wörter mit ch_1, ch_2 und r
Wortliste: 1 Buchstabenpaar – 2 verschiedene Laute (ch_1 und ch_2) ... 26
Einsetzübung, Reimen, Einzahl und Mehrzahl (ch_1, ch_2) ... 27
Silbenrätsel: Wörter mit ch_1 und ch_2 ... 28
Rechtschreibübungen: Wörter mit ch_1, Wörter mit ch_2 ... 29
Wortliste: Wörter mit ch_2 und r ... 30
Einsetzübung, Reimen, lustige Wörter (ch_2, r) ... 31
Rechtschreibübungen: Wörter mit ch_2, Wörter mit r, Wörter mit ch_1, ch_2 und r ... 32
Hörübungen: Gleich oder ungleich? ... 33

6. Wörter mit b und p
Wortliste: Wörter mit B, b und P, p ... 34
Einsetzübung, Reimen, Wortfamilien finden ... 35
Silbenrätsel: Wörter mit B, b und P, p ... 36

7. Wörter mit d und t
Wortliste: Wörter mit D, d und T, t ... 37
Einsetzübung, Reimen, Wortfamilien finden ... 38
Silbenrätsel: Wörter mit D, d und T, t ... 39

8. Wörter mit g und k
Wortliste: Wörter mit G, g und K, k ... 40
Einsetzübung, Reimen, Wortfamilien finden ... 41
Silbenrätsel: Wörter mit G, g und K, k ... 42

9. Wörter mit b und p, d und t, g und k
Einsetzübung: b oder p?, d oder t? g oder k? . . . 43
Rechtschreibübungen: Wörter mit b, d, g, Wörter mit p, t, k, Wörter mit b, d, g und Wörter mit p, t, k . . . 44
Sprechtheater: Merksätze für die Verschlusslaute b und p . . . 45
Sprechtheater: Merksätze für die Verschlusslaute d und t . . . 46
Sprechtheater: Merksätze für die Verschlusslaute g und k . . . 47
Spielerklärung zum Sprechtheater . . . 48
Optische Differenzierungsübung kleiner ähnlich aussehender Buchstaben: b und d . . 49
Optische Differenzierungsübung kleiner ähnlich aussehender Buchstaben: b, d, p, q . . . 50

10. Wörter mit ie und ei
Wortliste: Wörter mit ie und ei . . . 51
Einsetzübung, Reimen, Einzahl und Mehrzahl . . . 52
Silbenrätsel: Wörter mit ie und ei . . . 53
Rechtschreibübungen: Wörter mit ie, Wörter mit ei, Wörter mit ie und ei . . . 54

11. Wörter mit den Zwielauten au, ei und eu
Wortliste: Wörter mit den Zwielauten Au, au/Ei, ei/Eu, eu . . . 55
Einsetzübung, Reimen, Wortfamilien finden . . . 56
Silbenrätsel: Wörter mit den Zwielauten Au, au/Ei, ei/Eu, eu . . . 57

12. Wörter mit den Zwielauten äu und eu
Wortliste: Vom au zum äu . . . 58
Wortliste: 1 Zwielaut – 2 Buchstabenpärchen . . . 59
Einsetzübung, Verkleinerungsform bilden, Wortfamilien finden . . . 60
Silbenrätsel: Wörter mit äu und eu . . . 61
Sprechtheater zum äu-Laut und zum eu-Laut . . . 62

13. Wörter mit den Umlauten ä, ö und ü
Wortliste: Wörter mit den Umlauten Ä, ä/Ö, ö/Ü, ü . . . 63
Einsetzübung, Reimen, Wortfamilien finden . . . 64
Silbenrätsel: Wörter mit den Umlauten Ä, ä/Ö, ö/Ü, ü . . . 65

14. Wörter mit den Endungen -el, -en und -er
Wortliste: Wörter mit den Endungen -el, -en, -er . . . 66
Einsetzübung, Reimen, Einzahl und Mehrzahl . . . 67
Silbenrätsel: Wörter mit den Endungen -el, -en und -er . . . 68

15. Wörter mit sch, ch_1 und j
Wortliste: Wörter mit sch und ch_1 . . . 69
Einsetzübung, Reimen, Einzahl und Mehrzahl (sch und ch_1) . . . 70
Rechtschreibübungen: Wörter mit ch_1 und sch . . . 71
Hörübungen: Gleich oder ungleich? . . . 72
Wortliste: Wörter mit J, j und Ch_1, ch_1 . . . 73
Einsetzübung, Reimen, Einzahl und Mehrzahl (j und ch_1) . . . 74
Silbenrätsel: Wörter mit sch, ch_1 und j . . . 75

16. Wörter mit v und f
Wortliste: 1 Laut – 2 Buchstaben: f und v . . . 76
Wortliste: V, v wie F, f und V, v wie W, w . . . 77
Sprechtheater zum f-Laut . . . 78

17. Wörter mit ß
Wortliste: Eszett (-ß) klingt wie Schlangen-s! . . . 79

18. Silbenteppich: Vorlagen und Übungen
Silbenteppich: Selbstlaute und Endungen (ausgefüllt) . . . 80
Silbenteppich: Umlaute und Zwielaute (ausgefüllt) . . . 81
Silbenteppich: Selbstlaute und Endungen (blanko) . . . 82
Silbenteppich: Umlaute und Zwielaute (blanko) . . . 83
Spielerische Leseübungen mit dem Silbenteppich
1. Leseübungen . . . 84
2. Quatschwörter bilden . . . 84
3. Sinnvolle Wörter suchen . . . 85

19. Lösungen . . . 86

Einleitung

Dieses Buch ist eine wunderbare Ergänzung zu: **„Leitfaden: Laute mit allen Sinnen erarbeiten“** (Bestellnr.: 10200). Das hier enthaltene Übungsmaterial wurde so ausgewählt und zusammengestellt, dass es dem Training und der Festigung der Wörter, der Erweiterung des Wortschatzes und der gezielten Behebung von Sprachdefiziten dient. Da es bei Kindern mit Lese-Rechtschreib-Schwierigkeiten meistens bestimmte Laute und Buchstaben sind, die Probleme bereiten, werden Schwerpunktfehlerstellen besonders intensiv behandelt.

Hinweise zu diesem Buch

Bewusstmachen der Sprechwerkzeuge

Durch Defizite in der Hörwahrnehmung und -verarbeitung, in der optischen und in der sprechmotorischen Wahrnehmung wird einigen Kindern die Lautbildung erschwert. Daher hat es sich als sehr hilfreich erwiesen, wenn solchen Kindern die einzelnen Sprechwerkzeuge im Vorfeld der Lautbildung bewusst gemacht werden. Dies kann gut mithilfe lustiger Spiele und Übungen zu bzw. mit den einzelnen Sprechwerkzeugen geschehen. Ideen und Anregungen dazu finden Sie ab S. 7.

In diesem Buch kommen bestimmte Aufgabenformate sowie Arten von Vorlagen immer wieder vor. Was es im Einzelnen damit auf sich hat, erfahren Sie hier:

Wortlisten

Die Wortlisten aus diesem Buch erleichtern Schülern das Lernen und Lehrkräften das Arbeiten, denn sie enthalten passgenaues Wortmaterial, sodass man nicht lange suchen und nachdenken muss. Inhaltlich sind die Wortlisten so angelegt, dass in geordneter Form Wörter bzw. Wortgruppen mit ähnlich klingenden Lauten bzw. Buchstaben immer wieder verglichen werden können. Die Reihenfolge der Übungswörter hängt meistens von der Reihenfolge der Lauterarbeitung ab. Auch in diesem Band gehen wir bei der Betrachtung der Laute im Wesentlichen nach dem bekannten Kieler Lese- und Rechtschreibaufbau vor. Dieser sieht vor, dass zuerst die Vokale erarbeitet werden; die Erarbeitung der Konsonanten erfolgt dann schrittweise. Daher ist das Wortmaterial zu Beginn begrenzt. Da bei den ersten Übungen also wenig Wortmaterial zur Verfügung steht, ist es möglich, für **mündliche** Übungen auch Beispiele zu benutzen, bei denen noch nicht alle Laute/Buchstaben erarbeitet wurden, die aber vom Sprachgebrauch her bekannt sind. Es gilt: Nur ein regelmäßiges Training des Wortmaterials bringt meistens den gewünschten Erfolg. Die Schüler müssen die Laute und Wörter über alle Wahrnehmungskanäle (akustisch, optisch, sprechmotorisch und taktil-kinästhetisch) wahrnehmen, d.h. dass die Kinder die Wörter selbst hören und selbst sprechen müssen und dabei in einem Spiegel die Stellung der Sprechwerkzeuge überprüfen sollten. Deutlich artikuliertes und lautes Sprechen ist eine wichtige Voraussetzung dafür, wobei die Lehrkraft hierbei ein gutes Vorbild sein muss.

Bei auftretenden Sprachschwierigkeiten können die Wortlisten zum Sprechenüben benutzt werden. Darüber hinaus sollten die Wörter der Wortlisten auch für rechtschreibliche Übungen benutzt werden. Die Wortlisten werden während der Erarbeitung der Laute gut sichtbar im Klassenraum angebracht und bleiben so lange, wie sie gebraucht werden, dort hängen. Bei verschiedenen Übungen kann man sie auch abdecken. Bei den Differenzierungsübungen ähnlich klingender Laute ist es von Vorteil, die Kinder in Partnerarbeit arbeiten zu lassen: Die Schüler bekommen die Wortlisten in die Hand und lesen nun partnerweise die Wörter im Wechsel oder spaltenweise vor. Genauso kann auch das Lautieren, Zusammenziehen, In-Silben-Gliedern, Mit-Gebärden-Zeigen u. a. erfolgen.

Übungsformate: Einsetzübung, Reimen, verwandte Wörter suchen bzw. bei Substantiven die Einzahl oder Mehrzahl bilden

Zu den meisten hier im Buch behandelten Lauten werden die in der Überschrift genannten Übungsformate angeboten. **Bitte beachten Sie dazu unbedingt folgenden Hinweis: Bei den Einsetzübungen müssen die Kinder sich jeweils zwischen zwei Möglichkeiten (z. B. m oder n, p oder d) entscheiden. Solche Übungen dürfen erst dann durchgeführt werden, wenn die Erarbeitung der Laute erfolgt ist. Mithilfe dieses Übungsmaterials wird ersichtlich, bei welchen Lauten die Kinder noch Schwierigkeiten haben.**

In der Anfangsphase werden wieder vorrangig klangreine Wörter geübt.

Ziel dieser Übungen ist:
- die Erweiterung des Wortschatzes,
- Training und Festigung der Laute, Silben und Wörter,
- Förderung des deutlichen und lauten Sprechens.

Während der Übungen sollten die Kinder einen Spiegel an ihrem Arbeitsplatz haben, sodass sie jeweils für sich das Sprechen üben, ihre Sprechwerkzeuge beobachten und ihre eigene Aussprache hören können. Erfahrungsgemäß brauchen die Kinder eine gewisse Zeit, in der sie sich ausprobieren können. Den Arbeitsalgorithmus zu lesen, zu überlegen, zu schreiben und zu prüfen soll zur Gewohnheit entwickelt werden.

Silbenrätsel

Man kann immer wieder beobachten, dass Kinder mit LRS-Problemen große Schwierigkeiten haben, Silben zu sinnvollen Wörtern zusammenzufügen. Fehlendes Sprachgefühl und ein gering entwickelter Wortschatz erschweren diesen Kindern das Lernen. Daher sollte man ihnen immer wieder die Möglichkeit geben, genau dies zu üben. Die Arbeitsblätter mit Silbenrätseln sind immer gleich strukturiert:

Übung 1 ist so angelegt, dass aus vorgegebenen Silben acht sinnvolle, zweisilbige Wörter entstehen.

Bei Übung 2 sind die Kinder aufgefordert, vorgegebene Silben durch Anhängen einer weiteren passenden Silbe zu vollständigen Wörtern zu ergänzen. Diese Übung ist bewusst offen gehalten. Mehrere Lösungen sind denkbar und möglich, wobei die Aufgabenstellung beachtet werden muss.

Bei Übung 3 geht es darum, mehrsilbige verwürfelte Silben wieder in die richtige Reihenfolge zu bringen. Hier gibt es eindeutige Lösungen.

Silben zu lesen und daraus Wörter zu bilden, wird so zu einem Rätselspiel, das den Kindern Freude machen soll; Lernen und Spaß werden auf effektive Weise miteinander verknüpft. Die Kinder üben und erweitern ihren Wortschatz und versuchen, in den Silben Wörter zu erkennen. Mit den Übungen werden parallel Kombinationsfähigkeit und genaues Arbeiten gefördert.

Optische Differenzierungsübungen kleiner ähnlich aussehender Buchstaben (m–n, b–d, b–d–p–q)

Bei den optischen Differenzierungsaufgaben geht es immer um Buchstaben, deren Gestalt sich ähnelt und die somit visuell nicht gut unterscheidbar sind. Beispielsweise unterscheiden sich m und n nur dadurch, dass m drei „Beinchen" und n nur zwei „Beinchen" hat. Bei b und d sieht man, ob ein Schüler über einen Richtungssinn verfügt. Die Kinder haben hier die Aufgabe, diese ähnlichen Buchstaben sicher zu identifizieren, gleiche farbig zu markieren und schließlich zu zählen. Empfehlenswert ist dabei, dass nur ca. 7 Zeilen auf einmal geübt werden.

Rechtschreibübungen

Aus den Wortlisten und der Umgebung der Schüler werden Lernwörter gesammelt, die besonders geübt werden. Diese werden anhand eines täglichen Algorithmus trainiert:

- 1 a) Wörter lesen (Die Schüler erhalten eine Tabelle mit den Wörtern.)
- 2 a) abschreiben (nach der Lerntechnik „So schreibe ich ab"; Vorlage siehe CD)

- 1 b) nach Diktat schreiben (Die Lehrkraft diktiert die Wörter.)
- 2 b) vergleichen (mit Wortbildkarte oder Tafelbild)
- 3 b) berichtigen

- 1 c) an 4 Tagen als tägliche Übung schreiben (Ablauf wie bei b; Blankotabelle dafür siehe CD)

Wichtig ist, dass die Arbeitsschritte der Lerntechnik des Abschreibens eingehalten werden. Beim Diktieren wird das Blatt nach hinten gefaltet.

Texttheater

Das Texttheater ist eine gute Möglichkeit, mit der sich Kinder wichtige Merksätze/Inhalte dauerhaft einprägen können. Dazu werden kurze Texte in Abschnitte unterteilt. Jedes Kind erhält einen Textabschnitt; die Abschnitte werden dann der Reihe nach vorgelesen. So ergibt sich ein zusammenhängender Text. Dann werden Schlüsselstellen mehrfach wiederholt. Durch das Fokussieren auf das Wichtigste und die Wiederholungen merken sich die Kinder die Inhalte nachhaltig.

Inhalt der CD

Optische Übungen

Auf der beigelegten CD finden Sie zum einen optische Übungen zu 37 Lauten. Dabei müssen die Kinder die Buchstaben jeweils in ihrer richtigen Lage, Form und Größe erkennen. Anschließend werden die großen und die kleinen Buchstaben jeweils gezählt, was die Konzentration der Kinder schult. Sind großer und kleiner Buchstabe formgleich, wird nicht zwischen groß und klein unterschieden. Die Arbeitsblätter sind farbig angelegt und können bequem ausgedruckt werden.

Mundbilder

Die Mundbilder wirken unterstützend bei der Lautbildung. Sie zeigen den Schülern, wie der Mund bei den jeweiligen Lauten geformt sein muss, welche Sprechwerkzeuge dabei genutzt werden und sie sehen teilweise auch, an welcher Stelle sich die Sprechwerkzeuge befinden. Bei den Schülern selbst sieht die Mundhaltung entwicklungs- und wachstumsbedingt mitunter etwas anders aus. Das ist nun einmal so und daran kann man nichts ändern. Die Mundbilder sowie die Lautillustrationen (z. B. eine Ameise für den Laut a) gibt es zudem sowohl als Bilddateien im JPG-Format als auch als PDF-Dateien, sodass Sie diese in selbst erstellten Arbeitsmaterialien nutzen können.

Lerntechniken (Lernposter zum Ausdrucken)

Ebenfalls auf der CD enthalten sind Postervorlagen zu grundlegenden Arbeitstechniken: So löse ich Aufgaben. / So schreibe ich ab. / So schreibe ich nach. Sie können bequem ausgedruckt und zur Erinnerung ins Klassenzimmer gehängt werden.

Wortbildkarten für Merkfix

Die Merkfix-Karten werden am besten direkt auf festeres Zeichenpapier kopiert oder eine Kopie wird auf Pappe geklebt und dann zerschnitten. Jeweils 2 bis 4 Spieler finden sich zusammen. Bevor es losgeht, müssen die Kinder die Wörter lesen. Dies kann in Form eines kleinen Wettspiels geschehen, z. B.: „Wer kann die meisten Wörter richtig lesen?"

Der Kartenstapel liegt mit den verdeckten Wörtern in der Mitte des Tisches. Nacheinander ziehen die Kinder nun jeweils eine Karte. Sie dürfen leise probieren und das Wort für sich erlesen. Laut darf nur das richtige Wort gesagt werden. Liest ein Kind ein Wort richtig, darf es die Karte behalten. Liest ein Kind ein Wort falsch, wird die Karte unter den Kartenstapel gelegt und später noch einmal gelesen. Sind alle Wörter bekannt, kann das Spiel beginnen. Jede Karte, die nun nach dem Memory®-Prinzip aufgedeckt wird, muss richtig vorgelesen werden. Mitunter lesen die Kinder nur die ersten Buchstaben und erraten dann ein falsches Wort. Hat ein Schüler das zusammengehörige Kartenpaar gefunden und richtig vorgelesen, darf er es behalten. Wer die meisten Kartenpaare hat, ist Sieger.

Kopiervorlage „Lernwörter" (Blankovorlage)

Diese Blankotabelle dient als Vorlage für die täglichen Rechtschreibübungen, die nach einem wiederkehrenden Algorithmus ablaufen; siehe Beschreibung auf S. 5.

Übungen und Spiele zur Sensibilisierung der Sprechwerkzeuge

1. Sensibilisierung der Lippen

*** Donald Duck, Entenschnabel**
Eine große Backoblate (alternativ kann man auch ein rundes Stück Pappe nehmen, Durchmesser ca. 8 cm) wird halbiert und die beiden Hälften werden jeweils so zwischen die angefeuchteten Lippen gelegt, dass eine Hälfte an der Unterlippe und eine Hälfte an der Oberlippe klebt. Die Rundung der Oblate liegt jeweils außen, sodass ein Entenschnabel entsteht. Jetzt die Lippen öffnen und schließen oder damit sprechen: quak, quak, quak.

*** Alt-Opa-Sprache**
Ober- sowie Unterlippe werden in den Mund eingezogen, sodass kein Lippenrot mehr zu sehen ist. Nun unterhalten sich die Spieler mit dieser neuen Mundhaltung.

*** Ur-Oma-Sprache**
Die Oberlippe schiebt sich über die Unterlippe. In dieser neuen Sprechweise kann nun ein Witz erzählt werden, es können lange Wörter gesprochen werden, oder jeder Schüler spricht einen bestimmten Satz nach.

*** Familie Schiefmaul**
Vater Schiefmaul spricht mit zur rechten Seite verschobenen Lippen. Tochter Schiefmaul antwortet ihm und schiebt dabei ihre Lippen zur linken Seite. Da fällt Mutter Schiefmaul ihr mit zur rechten Seite verschobenen Lippen ins Wort, usw. Dieses Spiel ist schwierig, da es nicht jedem sofort gelingt, die Lippen zu einer Seite zu verschieben. Es gibt immer eine Gesichtshälfte, die das besser kann.

*** Flaschengeist**
An einem Knopf wird eine Schnur befestigt. An der Schnur hängt ein Stift oder ein ähnlicher Gegenstand. Ein Spieler nimmt den Knopf zwischen die Lippen und versucht, den Stift zu kontrollieren und ihn in einen Flaschenhals einzuführen. Variationen: Flaschen mit unterschiedlich großen Hälsen, unterschiedlich dicke Stifte und unterschiedlich lange Schnüre nehmen.

*** Kegeln**
Ziel des Spiels ist es, möglichst viele Gegenstände mit einer Holzkugel umzustoßen. Die Holzkugel (etwa 2,3 cm Durchmesser) ist an einer ca. 40 cm langen Schnur befestigt. Die Schnur wird durch einen Knopf gehalten, den ein Spieler zwischen die Lippen nimmt. Diverse Gegenstände (z.B. Halmafiguren, Murmeln, Plastikdosen usw.) können als Kegel dienen. Der Spieler bewegt nun den Kopf und versucht, die Gegenstände mit der Holzkugel umzukegeln.

*** Knopfangel**
An einem Knopf wird eine Schnur befestigt, an die wiederum ein Magnet gehängt wird. Der Spieler nimmt nun den Knopf zwischen die Lippen und kann so nach metallischen Gegenständen oder nach Pappfiguren (z.B. Fische oder Puzzleteile), die jeweils mit einer Büroklammer versehen wurden, angeln. Achtung: Große schwere Magnete sind besser zu kontrollieren als kleine Magnete. Die Schnur darf nicht zu lang sein.

2. Sensibilisierung der Zunge: Zungengymnastik

*** Mit der Zunge begrüßen**
Zunge herausstrecken und „Guten Tag" sagen.

*** Mit der Zunge lecken**
Die Zunge leckt nacheinander – soweit möglich – am Kinn, an der Nase, an der Ober- und Unterlippe, am Gaumen und in der rechten und linken Wangentasche.

*** Untersuchungen mit der Zunge**
Die Zunge untersucht nacheinander die obere und untere Zahnreihe, anschließend wird jeder Zahn einzeln mit der Zunge „geputzt".

*** Was ich noch alles mit der Zunge tun kann**
Mit der Zunge kann ich schmatzen, schnalzen; ich kann sie rollen, ich kann mit der Zunge am Gaumen Zahlen malen.

*** Zungensprache**
Die Zungenspitze wird an einen festgelegten Punkt im Mund gelegt. Sie bleibt während des Sprechens an diesem Punkt. Nun kann man sich so unterhalten, ein Gedicht sprechen u. a.

3. Sensibilisierung des Kiefers und Kräftigung der Kaumuskulatur

*** Ober- und Unterkiefer wahrnehmen**
Den Ober- und Unterkiefer im Spiegel anschauen und fühlen. Der Oberkiefer ist fest am Schädel verankert, der Unterkiefer ist beweglich. Am Ende des Unterkiefers befinden sich die Kiefergelenke. Den Kiefer brauche ich hauptsächlich zum Kauen.

*** Spüren der Kiefergelenke**
Mit beiden Handflächen werden seitlich die Kiefergelenke ertastet. Der Mund wird weit geöffnet und geschlossen, wobei man die Bewegung beider Kiefergelenke spürt.

*** Unterkiefer bewegen**
Ich kann den Unterkiefer in verschiedene Richtungen kreisen lassen und ich kann ihn hin und her und vor- und zurückschieben.

*** Zähnezusammenbeißsprache**
Die Zähne werden fest zusammengebissen. In dieser Haltung versucht man, etwas zu erzählen.

*** Korkensprechen**
Mit den Schneidezähnen wird ein Korken festgehalten. Nun kann man so einen Text vorlesen lassen.

All diese wunderbaren Übungen sind in folgendem Buch enthalten:

Adams, Iris, Struck, Veronika, Tillmanns-Karus, Monika: Kunterbunt rund um den Mund: Materialsammlung für die mundmotorische Übungsbehandlung. 9. Auflage. Dortmund: Verlag Modernes Lernen 2010.

M, m	**N, n**
Bei **M, m** arbeiten die **Lippen.**	Bei **N, n** arbeitet die **Zunge**.
m: 3 Beine	**n: 2 Beine**
Ma**m**a	**N**i**n**a
O**m**a	**N**i**n**o
mei**n**	**N**e**n**a
Ru**m**	**n**u**n**
Rei**m**	**n**a**n**u
a**m**	**n**ei**n**
i**m**	i**n**
mir	**n**ur
Rau**m**	I**n**a

Einsetzübung

1. Setze die fehlenden Buchstaben ein. Entscheide dich für **M, m** oder **N, n.** Manchmal gibt es mehrere Möglichkeiten. Wichtig ist, dass immer ein sinnvolles Wort entsteht.

___a___a ___ma ___o___i a___ Sau___a

a___ u___ ___ei___ ___u___ rei___en

___a___e ei___ sei___ ___ir ___aus Rosi___e

Reimen

2. Schreibe die Reimwörter dazu. Findest du noch mehr?

mein	Maus	Meise
s___	r___	R___
n___	___	___

Einzahl und Mehrzahl

3. Setze die fehlenden Formen ein.

Einzahl	Mehrzahl
der Reim	
	die Nasen
die Rosine	
	die Eimer
der Name	
	die Ameisen

Silbenrätsel: Wörter mit M, m und N, n

1. Löse das Silbenrätsel so, dass alle Silben zu sinnvollen Wörtern zusammengefügt werden!

ne	Mei	mi	na	ra	na	sei	Mo
na	mei	nu	nus	ne	No	se	Ni

Lösungen

2. Welche Wörter beginnen so? Schreibe eine zweite passende Silbe dazu! Beachte, dass jedes Wort ein **m** oder ein **n** haben muss. Kennzeichne **m** und **n** verschiedenfarbig. Es gibt mehrere Möglichkeiten. Wichtig ist, dass immer ein sinnvolles Wort entsteht.

Na-me	Sau-
No-	Mi-
Mo-	na-
mei-	Ra-
rei-	mi-
Na-	Ni-

3. Lustige Wörter: Schreibe die Wörter richtig daneben! (Es sind alles Namenwörter.)

NA – NI		MO – RA – NA	
NO – NI		SI – NE – RO	
NA – NE		RA – NO	
MO – MO		SI – NE – RE	
MAN – RO		MO – SI – NE	

Optische Differenzierungsübung mit kleinen ähnlich aussehenden Buchstaben: m und n

Kennzeichne **m** und **n** mit verschiedenen Farben! Zähle die einzelnen Buchstaben! Bearbeite immer nur 7 Zeilen auf einmal.

m:	n:

m	m	n	m	n	m	n	m	n	m
n	n	m	m	m	n	n	n	m	m
m	m	n	m	n	m	n	m	n	m
m	n	m	n	m	n	m	n	n	n
m	m	n	m	n	m	n	m	n	m
n	n	m	m	m	n	m	n	m	m
m	m	n	m	n	m	n	m	n	m
n	n	m	n	m	n	m	m	m	m
m	m	n	m	n	m	n	m	n	m
n	n	m	n	n	m	m	n	m	m
m	m	n	m	n	m	n	m	n	m
n	n	m	n	m	n	n	m	m	m
m	m	n	m	n	m	n	m	n	m
n	n	m	m	m	n	m	n	m	m

Au, au	**Ei, ei**
aus	**Ei**
M**au**s	**Ei**s
r**au**s	**Ei**sen
s**au**sen	**ei**n
S**au**na	**Ei**mer
M**au**er	m**ei**ne
R**au**m	R**ei**s
Aurora	M**ei**se

Einsetzübung

1. Setze die fehlenden Buchstaben ein. Entscheide dich für **au** oder **ei**. Manchmal gibt es mehrere Möglichkeiten. Wichtig ist, dass immer ein sinnvolles Wort entsteht.

s___sen ___sen S___na M___se R___m ___mer

M___er M___s ___rora R___m s___n

R___se r___men R___s n___n m___n ___s

Reimen

2. Schreibe die Reimwörter dazu. Findest du noch mehr?

Mauer	eine	Maus	nein
s______	s______	r______	m______
______	m______	______	s______
______	______	______	______

Wortfamilien finden

3. Suche verwandte Wörter zu diesen Wortfamilien!

Reise, ______________________________

reimen, ______________________________

Silbenrätsel: Wörter mit den Zwielauten Au, au und Ei, ei

1. Löse das Silbenrätsel so, dass alle Silben zu sinnvollen Wörtern zusammengefügt werden!

Ei	Rei	ne	Ei	Sau	Mau	Mei	na
se	sen	sen	mer	sau	se	mei	er

Lösungen

2. Welche Wörter beginnen so? Schreibe eine zweite passende Silbe dazu! Beachte, dass jedes Wort ein **au** oder **ei** haben muss. Kennzeichne **au** und **ei** verschiedenfarbig. Es gibt mehrere Möglichkeiten. Wichtig ist, dass immer ein sinnvolles Wort entsteht.

s**au**-sen	Ei-
mei-	Mei-
sei-	rei-
Mau-	Ei-
rei-	Sau-

3. Lustige Wörter: Schreibe die Wörter richtig daneben!

MER – EI		NA – SAU	
SEN – EI		MEN – REI	
MER – EI – SEN – EI		SEN – REI	
MEI – A – SEN		SEN – SAU	

Rechtschreibübungen: Wörter mit au

lesen	abschreiben	berichtigen	diktierte Wörter	berichtigen
Raum				
Sauna				
Maus				
sausen				
aus				
Mauer				
Saum				
Aurora				

Rechtschreibübungen: Wörter mit ei

lesen	abschreiben	berichtigen	diktierte Wörter	berichtigen
ein				
mein				
nein				
Meise				
reisen				
sein				
Eimer				
Eis				

Rechtschreibübungen: Wörter mit au und ei

lesen	abschreiben	berichtigen	diktierte Wörter	berichtigen
Raum				
Maus				
mein				
Meise				
reisen				
Sauna				
aus				
nein				

W, w	F, f
Die oberen Schneidezähne liegen auf der Unterlippe.	
mit Stimme Die Luft entweicht langsam.	**ohne** Stimme Die Luft wird herausgesprengt.
Weile	**F**eile
Wein	**f**ein
weit	**F**eier
La**w**ine	Rei**f**en
Wolf	Ho**f**
woher	**f**aul
warum	hinau**f**
wer	Hau**f**en

Einsetzübung

Wolfi

Fine

1. Setze die fehlenden Buchstaben ein. Entscheide dich für **W, w** oder **F, f.** Manchmal gibt es mehrere Möglichkeiten. Wichtig ist, dass immer ein neues sinnvolles Wort entsteht.

___are	___eier	lau___en	___ach	Ha___er	Ha___en
___eile	___eich	___erien	___ein	___aul	___ache
___ach	___einen	___ein	___arum	___eile	___oher

Reimen

2. Schreibe die Reimwörter dazu. Findest du noch mehr?

weinen	wach	laufen	fein
m___	n___	H___	W___
s___	___	___	r___
___	___	___	m___
___	___	___	___

Wortfamilien finden

3. Suche verwandte Wörter zu diesen Wortfamilien!

Wache, ___

feilen, ___

Feier, ___

Silbenrätsel: Wörter mit W, w und F, f

1. Löse das Silbenrätsel so, dass alle Silben zu sinnvollen Wörtern zusammengefügt werden!

Wei	fe	war	hin	le	Rei	El	um
fe	auf	lau	fen	Hil	fen	fen	Ha

Lösungen

2. Welche Wörter beginnen so? Schreibe eine zweite passende Silbe dazu! Beachte, dass jedes Wort ein **f** oder ein **w** haben muss. Kennzeichne **f** und **w** verschiedenfarbig. Es gibt mehrere Möglichkeiten. Wichtig ist, dass immer ein sinnvolles Wort entsteht.

Ha-	**w**er-
fei-	hel-
Hil-	Fei-
Ha-	Wei-
lau-	Rei-
El-	ru-
wa-	war-
wei-	wo-

3. Lustige Wörter: Schreibe die Wörter richtig daneben!

FEN – REI		CHEN – AUS – WEI	
UM – WAR		WEI – AN – SEN	
FEN – RU		HIN – FEN – LAU	
FER – HA		SEI – EIN – FEN	
LE – WEI		WER – UM – FEN	
FEN – HA		FEN – RU – AUF	

Rechtschreibübungen: Wörter mit F, f

lesen	abschreiben	berichtigen	diktierte Wörter	berichtigen
Seife				
Hafer				
laufen				
rufen				
faul				
fein				
Ufer				
Haufen				

Rechtschreibübungen: Wörter mit W, w

lesen	abschreiben	berichtigen	diktierte Wörter	berichtigen
warum				
Wein				
Weile				
wach				
weich				
woher				
Lawine				
wohin				

Rechtschreibübungen: Wörter mit F, f und Wörter mit W, w

lesen	abschreiben	berichtigen	diktierte Wörter	berichtigen
weinen				
fein				
warum				
faul				
wohin				
laufen				
wach				
Seife				

1 Buchstabe – 2 Laute

s mit Stimme	s ohne Stimme
Bienen-s 	Schlangen-s 
so	lo**s**
Sauna	Ei**s**
Su**s**i	Mau**s**
Simone	Rei**s**
Ro**s**e	Mu**s**
Samen	Hau**s**mau**s**
Ro**s**ine	au**s**
ro**s**a	herau**s**

Wörter mit z (ts) und Bienen-s

z (ts)	**s** (Bienen-s)
Zone	**s**o
zielen	**s**ie
Zofe	**S**ofa
Zeile	**s**icher
Hei**z**er	hei**s**er
Zaun	**S**aum
zum	**S**eil
Wei**z**en	Ho**s**e
rei**z**en	rei**s**en

Einsetzübung

1. Setze die fehlenden Buchstaben ein. Entscheide dich für **S, s** oder **Z, z**. Manchmal gibt es mehrere Möglichkeiten. Wichtig ist, dass immer ein sinnvolles Wort entsteht.

___eil   Wei___en   ___aun   ___ofa   ___um   ___u

Ran__en   rei___en   ___ofe   Mau___   ___icher   ___o

___ur   ___eile   ___amen   Hei__er   Ho___e   ro___a

Reimen

2. Schreibe die Reimwörter dazu. Findest du noch mehr?

seine	Maus	Zeile	heizen
m______	H______	W______	W______
w______	r______	M______	r______
______	L______	______	______
______	______	______	______

Einzahl und Mehrzahl

3. Setze die fehlenden Formen ein.

Einzahl	Mehrzahl	Einzahl	Mehrzahl
die Zeile		der Reiz	
das Seil			die Reisen
	die Meile		die Hosen
der Samen		der Hase	
	die Meisen		die Heizer

Silbenrätsel: Wörter mit s und z

1. Löse das Silbenrätsel so, dass alle Silben zu sinnvollen Wörtern zusammengefügt werden!

Min	fe	Hei	ze	Sei	So	ze	zen
se	Wan	zen	fa	Ran	zer	Ho	Wei

Lösungen

2. Welche Wörter beginnen so? Schreibe eine zweite passende Silbe dazu! Beachte, dass jedes Wort ein **s** oder ein **z** haben muss. Kennzeichne **s** und **z** verschiedenfarbig! Es gibt mehrere Möglichkeiten. Wichtig ist, dass immer ein sinnvolles Wort entsteht.

Sei-fe	Wur-
hei-**z**en	Wan-
rei-	Pan-
So-	Wei-
Zo-	lei-
Wal-	Ra-
Ran-	Min-
Zei-	Sa-

3. Lustige Wörter: Schreibe die Wörter richtig daneben!

FA – SO		FEN – HA	
LE – ZEI		SA – RA – MEN – SEN	
ZE – MIN		MEN – KORN – SA	
SA – RO		EI – ZAUN – SEN	
LE – WEI		WUR – BAUM – ZEL	

Rechtschreibübungen: Wörter mit s

lesen	abschreiben	berichtigen	diktierte Wörter	berichtigen
so				
Sofa				
Seife				
Eis				
Rosine				
Samen				
leise				
Hose				

Rechtschreibübungen: Wörter mit z

lesen	abschreiben	berichtigen	diktierte Wörter	berichtigen
Zeile				
zu				
zum				
Weizen				
heizen				
Zeichen				
zur				
Zaun				

Rechtschreibübungen: Wörter mit s und z

lesen	abschreiben	berichtigen	diktierte Wörter	berichtigen
Sofa				
Hose				
Zeile				
zur				
Rosine				
Weizen				
zum				
Zeichen				

1 Buchstabenpaar –
2 verschiedene Laute

ch_1 	**ch_2** 
i**ch**	a**ch**
China	Sa**ch**en
Zei**ch**en	Lo**ch**
Ei**ch**e	su**ch**en
Si**ch**el	wa**ch**en
wei**ch**	Wo**ch**e
Re**ch**en	ma**ch**en
rei**ch**	no**ch**
mi**ch**	Fa**ch**
si**ch**er	au**ch**

Einsetzübung

1. Setze die fehlenden Buchstaben ein. Entscheide dich für **ch_1** oder **ch_2**. Wichtig ist, dass immer ein sinnvolles Wort entsteht.

i___	a___	Sa___en	mi___	fau___en
si___er	Wa___e	Wo___e	wa___sam	rau___en
re___nen	si___	au___	no___	la___en

Reimen

2. Schreibe die Reimwörter dazu. Findest du noch mehr?

Hauch	reichen	wachen	weich
L________	w________	m________	r________
________	________	R________	________
________	________	l________	________
________	________	S________	________

Einzahl und Mehrzahl

3. Setze die fehlenden Formen ein.

Einzahl	Mehrzahl	Einzahl	Mehrzahl
die Eiche			die Sicheln
die Woche		der Chinese	
der Kuchen		die Weiche	
	die Rachen		die Eicheln
	die Wachen	der Rechen	

Silbenrätsel: Wörter mit ch_1 und ch_2

1. Löse das Silbenrätsel so, dass alle Silben zu sinnvollen Wörtern zusammengefügt werden!

Wo	chen	chen	chen	wei	Ei	Zei	chel
rau	chel	nen	che	Si	Sa	rech	chen

Lösungen

2. Welche Wörter beginnen so? Schreibe eine zweite passende Silbe dazu! Beachte, dass jedes Wort ein **ch_1** oder ein **ch_2** haben muss. Kennzeichne **ch_1** und **ch_2** verschiedenfarbig. Es gibt mehrere Möglichkeiten. Wichtig ist, dass immer ein sinnvolles Wort entsteht.

Ei-	Zei-
fau-	ma-
Si-	su-
Re-	Wei-
rau-	Ra-
si-	Ei-
Wo-	Sa-
Wa-	hau-

3. Lustige Wörter: Schreibe die Wörter richtig daneben!

CHE – WO		LICH – SI – CHER	
CHE – WA		FEN – EL – REICH	
CHE – SU		CHEN – ZEI – RAUCH	
SAM – WACH		SE – NE – CHI	
CHEL – EI		CHEN – MA – ZU	
NA – CHI		LOCH – FEN – REI	

Rechtschreibübungen: Wörter mit ch_1

lesen	abschreiben	berichtigen	diktierte Wörter	berichtigen
China				
sicher				
Rechen				
weich				
mich				
Zeichen				
reich				
Eiche				

Rechtschreibübungen: Wörter mit ch_2

lesen	abschreiben	berichtigen	diktierte Wörter	berichtigen
ach				
lachen				
wach				
Fach				
Sachen				
auch				
noch				
Loch				

ch$_2$ 	**r** 
Sa**ch**en	wa**r**en
wa**ch**	wa**r**
Wo**ch**e	Wa**r**e
Lo**ch**	Lo**r**e
au**ch**	wi**r**
fau**ch**en	E**r**win
la**ch**en	La**r**a
su**ch**en	zu**r**

Einsetzübung

1. Setze die fehlenden Buchstaben ein. Entscheide dich für **ch_2** oder **r**. Manchmal gibt es mehrere Möglichkeiten. Wichtig ist, dass immer ein sinnvolles Wort entsteht.

Sa___en	zu___	su___en	Wa___e	Za___
wa___en	E___win	Wo___e	mi___	au___
Lo___e	wi___	wa___sam	La___a	fau___en

Reimen

2. Schreibe die Reimwörter dazu. Findest du noch mehr?

Hauch	wir	Sachen	Zeichen
L______	m______	R______	w______
R______	______	l______	______
______	______	______	______

3. Lustige Wörter: Schreibe die Wörter richtig daneben!

HAUS – REN – WA	
FAU – AN – CHEN	
CHEN – LA – AUS	
AUS – CHEN – SU	
LOCH – SEN – HO	
WA – CHE – HOF	

Rechtschreibübungen: Wörter mit ch_2

lesen	abschreiben	berichtigen	diktierte Wörter	berichtigen
ach				
lachen				
wach				
Fach				
Sachen				
auch				
noch				
Loch				

Rechtschreibübungen: Wörter mit r

lesen	abschreiben	berichtigen	diktierte Wörter	berichtigen
Ware				
waren				
zur				
mir				
wir				
Lara				
Zar				
Erwin				

Rechtschreibübungen: Wörter mit ch_1, ch_2 und r

lesen	abschreiben	berichtigen	diktierte Wörter	berichtigen
lachen				
Ware				
noch				
China				
wir				
auch				
zur				
Zeichen				

Hörübungen: Gleich oder ungleich?

Hinweis für die Lehrkraft:

Die Lehrkraft verdeckt ihren Mund und liest dann in Normallautstärke die Wortpaare vor.
Die Schüler kreuzen in ihrer Tabelle an. Anschließend wird verglichen.

Aufgabe:

1. Ich nenne dir Wörter mit ch_2 und r.
2. Klingen diese Wörter gleich, dann kreuze bei gleich an!
   Klingen sie verschieden, dann kreuze bei ungleich an!

ch_2 oder r?

für die Lehrkraft — für den Schüler

	ch_2 oder r?		gleich	ungleich
1.	sie warten – sie wachten	1.		
2.	Loch – Loch	2.		
3.	Wärme – Ware	3.		
4.	waren – wachen	4.		
5.	Koch – Chor	5.		
6.	Kuren – Kuchen	6.		
7.	Eichel – Eichel	7.		
8.	Buch – Burg	8.		
9.	war – wach	9.		
10.	krachen – krachen	10.		

B, b	**P, p**
Banane	**P**a**p**a
Bein	**P**ause
Ra**b**e	**P**olizei
Ho**b**el	Lu**p**e
Lau**b**e	Rau**p**e
Bauer	**P**aul
Baum	**P**olen
sau**b**er	**P**auline
ha**b**en	Lam**p**e
he**b**en	Hu**p**e

Einsetzübung

1. Setze die fehlenden Buchstaben ein. Entscheide dich für **B, b** oder **P, p**. Wichtig ist, dass immer ein sinnvolles Wort entsteht.

Lam___e ___ause ___aul ___olizei Rau___e Ra___e

Lu___e sau___er he___en ___am___e le___en ___us

___auline lo___en Hu___e ___olen Lau___e ___ei

Reimen

2. Schreibe die Reimwörter dazu. Findest du noch mehr?

heben	Hupe	Bein	Lampe
l______	L______	s______	R______
b______	______	P______	______
______	______	______	______

Wortfamilien finden

3. Suche verwandte Wörter zu diesen Wortfamilien!

Bauer, ______________________________

Hupe, ______________________________

heben, ______________________________

pumpen, ______________________________

Silbenrätsel: Wörter mit B, b und P, p

1. Löse das Silbenrätsel so, dass alle Silben zu sinnvollen Wörtern zusammengefügt werden!

pe	Pal	pe	Rau	be	be	Ho	se
Bau	Lau	bel	me	Ra	Pau	Lu	er

Lösungen

2. Welche Wörter beginnen so? Schreibe eine zweite passende Silbe dazu! Beachte, dass jedes Wort ein **b** oder ein **p** haben muss. Kennzeichne **b** und **p** verschiedenfarbig. Es gibt mehrere Möglichkeiten. Wichtig ist, dass immer ein sinnvolles Wort entsteht.

Pau-	lo-
Ra-	Bau-
le-	Pam-
Rau-	Ho-
Hu-	Pal-
he-	sau-
Lam-	Lau-
Po-	Ne-

3. Lustige Wörter: Schreibe die Wörter richtig daneben!

LA – PAU		SAU – PO – NE	
BE – LAU		BAU – BEN – LAU	
BEL – NE		ZEI – LI – PO	
BEL – HE		SEN – HOF – PAU	
PE – PAM		LI – PAU – NE	
BEN – HA		PUN – RA – ZEL	

D, d	T, t
Dame	**T**al
Domino	**T**elefon
dir	Au**t**o
Dose	**T**or
Dusche	**T**in**t**e
Daumen	**T**uch
dabei	Pu**t**e
re**d**en	be**t**en
La**d**en	ra**t**en
Fe**d**er	Ru**t**e

Einsetzübung

1. Setze die fehlenden Buchstaben ein. Entscheide dich für **D, d** oder **T, t**. Wichtig ist, dass immer ein sinnvolles Wort entsteht.

___ose Pu___e ___ach Fe___er re___en ___aumen

bei___e lei___er Au___o ___eilen ___ame ___eich

___uch ___euer ___abei ___ich ___omino ___al

Reimen

2. Schreibe die Reimwörter dazu. Findest du noch mehr?

Dach	Leiter	reiten	teilen
F___	R___	l___	M___
B___	w___	w___	___
___	___	___	___

Wortfamilien finden

3. Suche verwandte Wörter zu diesen Wortfamilien!

teilen, ___

reden, ___

Feder, ___

Auto, ___

Silbenrätsel: Wörter mit D, d und T, t

1. Löse das Silbenrätsel so, dass alle Silben zu sinnvollen Wörtern zusammengefügt werden!

Sei	te	Fe	Pu	sche	bei	me	ra
da	te	te	ten	Da	der	Du	Tan

Lösungen

2. Welche Wörter beginnen so? Schreibe eine zweite passende Silbe dazu! Beachte, dass jedes Wort ein **d** oder ein **t** haben muss. Kennzeichne die **d** und **t** verschiedenfarbig. Es gibt mehrere Möglichkeiten. Wichtig ist, dass immer ein sinnvolles Wort entsteht.

Tin-	Tau-
Pu-	Fe-
Dau-	bei-
Na-	Dau-
re-	tei-
Da-	Nu-
rei-	Wa-
Lei-	ra-

3. Lustige Wörter: Schreibe die Wörter richtig daneben!

DEL – NU		HALS – CHER – TÜ	
DEL – NA		MEN – HUT – DA	
TE – TIN		ZAUN – DEN – WEI	
DEN – RE		BEN – NEST – TAU	
LEN – TEI		PA – TAUF – TE	
TE – PU		TER – LA – NE	

G, g	**K, k**
Gabel	**K**amel
Gei**g**e	**K**ater
Gaumen	**K**ino
Gondel	**K**amera
Wa**g**en	La**k**en
sa**g**en	**k**auen
Geier	**K**eiler
I**g**el	**k**ochen
zei**g**en	**K**uchen
Re**g**en	Ha**k**en

Einsetzübung

1. Setze die fehlenden Buchstaben ein. Entscheide dich für **G, g** oder **K, k**. Manchmal gibt es mehrere Möglichkeiten. Wichtig ist, dass immer ein sinnvolles Wort entsteht.

___ur___e ___auen ___abel Re___en ___eil ___uchen

Ur___unde Po___al ___eißlein ___ei___e ___abel ___arte

___aumen Rie___el ___ut ___e___en I___el ___arten

Reimen

2. Schreibe die Reimwörter dazu. Findest du noch mehr?

gut	Kabel	kaufen	legen
M___	N___	r___	w___
W___	G___	l___	R___
H___	___	t___	f___
___	___	___	___

Wortfamilien finden

3. Suche verwandte Wörter zu diesen Wortfamilien!

Regen, ___

zeigen, ___

Kuchen, ___

Koch, ___

Silbenrätsel: Wörter mit G, g und K, k

1. Löse das Silbenrätsel so, dass alle Silben zu sinnvollen Wörtern zusammengefügt werden!

Ka	zei	gel	ken	Re	Pa	Ka	gen
ge	Ha	mel	gen	bel	Gei	Ha	ket

Lösungen

2. Welche Wörter beginnen so? Schreibe eine zweite passende Silbe dazu! Beachte, dass jedes Wort ein **g** oder ein **k** haben muss. Kennzeichne **g** und **k** verschiedenfarbig. Es gibt mehrere Möglichkeiten. Wichtig ist, dass immer ein sinnvolles Wort entsteht.

Wie-	sau-	**K**an-	Ku-
Na-	Wa-	Kei-	Gei-
Re-	fe-	Ga-	Zei-
Lu-	Ka-	Gur-	Gau-
Ke-	Ku-	Kin-	sa-
Ha-	Gar-	Kun-	ko-
le-	Bo-	Kar-	Ma-
lie-	Pa-	Re-	ge-

3. Lustige Wörter: Schreibe die Wörter richtig daneben!

LER – KEI		TE – RA – KE	
GEL – HA		GEI – BO – GEN – GEN	
KET – PA		KU – TEIG – CHEN	
GEL – KE		GA – KU – CHEN – BEL	
KE – GUR		SA – GUR – LAT – KEN	
KAL – PO		KE – DACH – LU	

p oder b?	t oder d?	k oder g?
__uch	__ame	__aufen
Rau__e	__oma__e	__abel
__olizei	__aumen	__ugel
Kum__el	wei__	__e__el
rei__en	re__en	Ha__en
__ate	__uch	__uchen
Zau__erer	__ape__e	__arten
__ute	Rei__er	zei__en
__eule	Wa__e	__ochen
Ra__e	Le__er	Re__en
__aden	ro__	__amel
lo__en	__elefon	__ei__e

Rechtschreibübungen: Wörter mit b, d, g

lesen	abschreiben	berichtigen	diktierte Wörter	berichtigen
Beule				
baden				
gut				
Zeiger				
sauber				
Dezember				
geben				
Bote				

Rechtschreibübungen: Wörter mit p, t, k

lesen	abschreiben	berichtigen	diktierte Wörter	berichtigen
Paket				
Tuch				
Taube				
Pauke				
Kapuze				
teilen				
Tor				
Tomate				

Rechtschreibübungen: Wörter mit b, d, g und Wörter mit p, t, k

lesen	abschreiben	berichtigen	diktierte Wörter	berichtigen
Paket				
Kapuze				
baden				
Dezember				
Taube				
Beutel				
Tomate				
Pauke				

Sprechtheater: Merksätze für die Verschlusslaute b und p

B und P	werden	an der 1. Sprechstelle	gebildet.	
Die Lippen	verschließen	den Mund.		
Bei P	bin ich	der Sprengmeister.		
Bei B	entweicht	die Luft	langsam	und mit Stimme.

Sprechtheater: Merksätze für die Verschlusslaute d und t

D und T	werden	an der 2. Sprechstelle	gebildet.	
Die Zunge	verschließt	den Mund	hinter der oberen Zahnreihe.	
Bei T	bin ich	der Sprengmeister.		
Bei D	entweicht	die Luft	langsam	und mit Stimme.

Sprechtheater: Merksätze für die Verschlusslaute g und k

G und K	werden	an der 3. Sprechstelle	gebildet.	
Die Zunge	verschließt	den Mund	am hinteren Gaumen.	
Bei K	bin ich	der Sprengmeister.		
Bei G	entweicht	die Luft	langsam	und mit Stimme.

Spielerklärung zum Texttheater

Wir spielen Theater, Texttheater.
Pro Merksatz zu den Verschlusslauten gibt es hier insgesamt jeweils 15 Textabschnitte. Und so geht's:

15 Kinder stellen sich nebeneinander hin. Jedes Kind bekommt einen Textabschnitt. Der Reihe nach lesen die Kinder ihre Abschnitte nun mehrmals vor. Dazu tippt die Lehrkraft die jeweiligen Kinder leicht an. Am Ende ergibt sich so ein zusammenhängender Text. Jeder Schüler muss seinen Abschnitt vorlesen können.

z. B.: B und P – werden – an der 1. Sprechstelle – gebildet.
Die Lippen – verschließen – den Mund.
Bei P – bin ich – der Sprengmeister.
Bei B – entweicht – die Luft – langsam – und mit Stimme.

Anschließend zeigt die Lehrkraft nur auf einzelne Kinder, die dann jeweils ihre Textabschnitte vorlesen sollen. Dabei handelt es sich um die Abschnitte mit den Kerninformationen. Der Text wird also noch weiter auf die Kerninformationen reduziert: B und P – an der 1. Sprechstelle usw.

Durch das Heraussuchen und das mehrfache Üben des Wesentlichen prägen sich die Kinder das Wichtigste eher ein. Die Sätze müssen aber nicht komplett auswendig gelernt werden.

Optische Differenzierungsübung kleiner ähnlich aussehender Buchstaben: b und d

Kennzeichne **b** und **d** mit verschiedenen Farben! Zähle die einzelnen Buchstaben! Bearbeite immer nur 7 Zeilen auf einmal.

b:	d:

b	d	b	d	d	b	d	d	b	b
b	b	b	b	b	b	d	b	d	b
d	d	b	b	d	b	d	b	b	d
d	d	b	b	b	b	d	d	b	b
b	d	d	d	b	d	b	b	d	b
d	b	b	d	d	b	b	d	b	d
b	d	b	d	d	b	d	d	b	b
b	b	d	b	b	d	b	b	d	b
d	b	b	d	d	b	d	d	b	d
b	d	b	d	b	d	b	d	b	b
b	b	d	b	d	d	b	b	d	b
d	b	b	b	b	b	d	d	b	d

Optische Differenzierungsübung kleiner ähnlich aussehender Buchstaben: b, d, p, q

Kennzeichne **b, d, p** und **q** mit verschiedenen Farben! Zähle die einzelnen Buchstaben! Bearbeite immer nur 7 Zeilen auf einmal.

b:	**d:**	**p:**	**q:**

p	d	b	q	q	d	d	q	d	b	b
q	d	p	b	b	p	q	d	d	b	p
p	p	q	d	b	q	b	d	d	d	b
b	b	d	d	p	d	d	q	p	p	b
p	d	b	q	b	d	p	q	d	b	q
p	d	p	b	b	p	q	d	d	b	p
q	p	q	d	b	q	b	p	d	q	b
b	b	d	d	p	p	p	q	b	p	d
p	d	b	q	b	d	p	q	d	b	q
q	d	p	b	p	p	q	q	d	b	p
p	b	q	b	d	q	b	d	d	d	b
b	q	d	b	p	b	b	q	b	p	d
q	d	b	q	b	d	d	p	d	b	q
p	d	p	b	b	p	q	d	d	b	p

ie	**ei**
Z**ie**ge 	G**ei**ßlein 
W**ie**se	W**ei**de
T**ie**r	W**ei**n
R**ie**se	R**ei**se
t**ie**f	T**ei**ch
l**ie**gen	l**ei**den
w**ie**der	w**ei**nen
h**ie**rher	her**ei**n
n**ie**	**ei**n
r**ie**chen	r**ei**chen
v**ie**l	l**ei**der
v**ie**r	f**ei**len
Z**ie**l	Z**ei**le

Einsetzübung

1. Setze die fehlenden Buchstaben ein. Entscheide dich für **ei** oder **ie**. Manchmal gibt es mehrere Möglichkeiten. Wichtig ist, dass immer ein sinnvolles Wort entsteht.

W___se k___nen S___be W___de W___sel T___r

her___n h___rher n___ ___n G___ge Poliz___

v___l v___r B___n Z___l Z___t d___n

Reimen

2. Schreibe die Reimwörter dazu. Findest du noch mehr?

Wiese	Weide	wieder	reich
R______	S______	L______	T______
______	b______	M______	Sch______
______	Kr______	n______	______

Einzahl und Mehrzahl

3. Setze die fehlenden Formen ein.

Einzahl	Mehrzahl	Einzahl	Mehrzahl
die Wiese		die Weide	
der Teich			die Weine
	die Ziele		die Riesen
die Feile		die Reise	
	die Teile	die Liege	

Silbenrätsel: Wörter mit ie und ei

1. Löse das Silbenrätsel so, dass alle Silben zu sinnvollen Wörtern zusammengefügt werden!

Kie	ter	sie	Fei	te	Rei	Lei	her
ger	se	Zei	sel	Mie	hier	ben	ge

Lösungen

2. Welche Wörter beginnen so? Schreibe eine zweite passende Silbe dazu! Beachte, dass jedes Wort ein **ei** oder ein **ie** haben muss. Kennzeichne **ei** und **ie** verschiedenfarbig. Es gibt mehrere Möglichkeiten. Wichtig ist, dass immer ein sinnvolles Wort entsteht.

w**ei**-	Sei-	Z**ie**-
zie-	lie-	lei-
Rei-	rei-	zei-
gei-	Wei-	Sie-
Zei-	Fei-	Lie-
bei-	rie-	wei-
dei-	Wie-	Die-
hier-	Bie-	Sei-

3. Lustige Wörter: Schreibe die Wörter richtig daneben!

SEL – DIE		HAUS – NEN – BIE	
NE – BIE		DEN – ZAUN – WEI	
SEL – WIE		TER – HOLZ – LEI	
DE – WEI		LE – ZEI – HEFT	
TER – REI		FEST – REI – TER	
GEL – ZIE		BUCH – DER – LIE	
SEL – KIE		SE – ZUG – REI	

Rechtschreibübungen: Wörter mit ie

lesen	abschreiben	berichtigen	diktierte Wörter	berichtigen
Riese				
Ziel				
Miete				
Tier				
Wiese				
viel				
tief				
Ziege				

Rechtschreibübungen: Wörter mit ei

lesen	abschreiben	berichtigen	diktierte Wörter	berichtigen
Meise				
Seite				
Seil				
leise				
reiten				
Eis				
reisen				
Weide				

Rechtschreibübungen: Wörter mit ie und ei

lesen	abschreiben	berichtigen	diktierte Wörter	berichtigen
Weide				
Ziege				
reisen				
Miete				
viel				
leise				
Tier				
reiten				

Au, au	Ei, ei	Eu, eu
Auge	**Ei**	**Eu**le
Auto	**Ei**s	**Eu**ro
Aula	**Ei**sen	**eu**er
P**au**se	**Ei**chel	**eu**ch
M**au**s	**Ei**mer	F**eu**er
H**au**s	l**ei**se	t**eu**er
B**au**m	R**ei**s	H**eu**
R**au**m	M**ei**se	B**eu**tel
Z**au**n	R**ei**se	L**eu**te
L**au**ra	r**ei**men	h**eu**len
l**au**fen	F**ei**er	h**eu**te
T**au**fe	L**ei**ter	K**eu**le
k**au**fen	R**ei**ter	n**eu**
aus	r**ei**ch	n**eu**n

Einsetzübung

1. Setze die fehlenden Buchstaben ein. Entscheide dich für **au, ei** oder **eu**. Manchmal gibt es mehrere Möglichkeiten. Wichtig ist, dass immer ein sinnvolles Wort entsteht.

___ge	___chel	___ro	H___	F___er	Z___t
h___te	l___se	T___be	L___te	t___er	t___fen
___len	h___len	R___s	B___tel	k___fen	___re

Reimen

2. Schreibe die Reimwörter dazu. Findest du noch mehr?

Keule	taufen	Leute	Leiter
B_____	l_____	h_____	R_____
h_____	k_____	M_____	w_____
_____	r_____	B_____	h_____
_____	_____	_____	_____

Wortfamilien finden

3. Suche verwandte Wörter zu diesen Wortfamilien!

Feuer, _____

Feier, _____

Taufe, _____

Silbenrätsel: Wörter mit den Zwielauten Au, au / Ei, ei / Eu, eu

1. Löse das Silbenrätsel so, dass alle Silben zu sinnvollen Wörtern zusammengefügt werden!

Eu	Leu	Beu	le	Eu	be	Zeu	chel
ge	Tau	ro	te	Au	le	Ei	ge

Lösungen

2. Welche Wörter beginnen so? Schreibe eine zweite passende Silbe dazu! Beachte, dass jedes Wort ein **au**, **ei** oder **eu** haben muss. Kennzeichne **au, ei** oder **eu** verschiedenfarbig. Es gibt mehrere Möglichkeiten. Wichtig ist, dass immer ein sinnvolles Wort entsteht.

b**au**-en	Wei-	Beu-
wei-	Hau-	beu-
Tau-	rei-	lau-
heu-	Rei-	rau-
Lei-	kau-	Au-
Feu-	Leuch-	Hei-
Leu-	bei-	Zeu-
Fei-	Pau-	leuch-

3. Lustige Wörter: Schreibe die Wörter richtig daneben!

KE – PAU		SEN – PAU – HOF	
SE – PAU		TER – HOLZ – LEI	
BE – REI		FEU – LEUCHT – ER	
TER – LEUCH		HAU – HEU – FEN	
LE – EU		DACH – TO – AU	

Vom au zum äu

Der Laut äu ist ein Zwielaut. Er hat 2 Buchstaben.
Der Laut äu ist auch ein Umlaut, denn au wurde zu äu (a zu ä) umgelautet. Der Laut äu gehört außerdem zu den Selbstlauten.

Einzahl	Mehrzahl
der B**au**m	die B**äu**me
der Z**au**n	die Z**äu**ne
der R**au**m	die R**äu**me
die L**au**s	die L**äu**se
das H**au**s	die H**äu**ser
der B**au**ch	die B**äu**che
die M**au**s	die M**äu**se
der K**au**f	die K**äu**fe
der L**au**f	die L**äu**fe
das M**au**l	die M**äu**ler

1 Zwielaut – 2 Buchstabenpärchen

Eu, eu	Äu, äu (au–äu)
eure	K**äu**fer
t**eu**er	L**äu**fer
Euro	H**äu**ser
B**eu**le	M**äu**se
Eule	Z**äu**ne
Euter	B**äu**che
Europa	R**äu**ber
L**eu**te	L**äu**se
T**eu**fel	M**äu**ler
B**eu**te	R**äu**me
B**eu**tel	B**äu**me

Einsetzübung

1. Setze die fehlenden Buchstaben ein. Entscheide dich für **äu** oder **eu**. Wichtig ist, dass immer ein sinnvolles Wort entsteht.

M___se M___ler F___er Z___ne B___tel T___fel

R___ber L___fer ___ro L___se B___me H___

B___che ___le L___te t___er ___re ___ch

Verkleinerungsform bilden

2. Bilde die Verkleinerungsform. Benutze **-chen** oder **-lein**!

groß	klein
ein Bauer	ein Bäuerlein
ein Räuber	
ein Haus	
eine Maus	
ein Zaun	
ein Auge	
eine Pause	
ein Baum	

Wortfamilien finden

3. Suche verwandte Wörter zu diesen Wortfamilien!

Maus, ______________________________

Räuber, ______________________________

Lauf, ______________________________

Eule, ______________________________

Silbenrätsel: Wörter mit äu und eu

1. Löse das Silbenrätsel so, dass alle Silben zu sinnvollen Wörtern zusammengefügt werden!

Beu	ber	Teu	teu	Bäu	se	er	Zäu
er	le	me	ne	Feu	Räu	fel	Mäu

Lösungen

Einzahl und Mehrzahl

2. Setze die fehlenden Formen ein.

Einzahl	Mehrzahl	Einzahl	Mehrzahl
das Haus			die Euros
die Eule			die Käufer
der Räuber		die Keule	
	die Zäune	die Laus	
	die Bäume		die Beutel
die Beule		die Haut	
	die Feuer	die Maus	
der Raum		das Maul	

3. Lustige Wörter: Schreibe die Wörter richtig daneben!

NA – BÄU – DEL – ME	
DORF – SER – HÄU	
DER – FEU – ER – MEL	
TEL – LE – DER – BEU	
SCHEIN – RO – EU	

Sprechtheater zum äu-Laut und zum eu-Laut

Eu ist 1 Zwielaut.	Achtung!	Er hat 2 Buchstabenpärchen.	e-u-eu und ä-u-äu	Ich merke mir
die Wörter so:	Euro mit e-u-eu	Räuber mit ä-u-äu von rauben	Bäume mit ä-u-äu von Baum	Eule mit e-u-eu
Teufel mit e-u-eu	Mäuse mit ä-u-äu von Maus	Europa mit e-u-eu	Läufer mit ä-u-äu von laufen	eure, euer, euch mit e-u-eu
Häuser mit ä-u-äu von Haus	Beute mit e-u-eu	Heu mit e-u-eu	Läuse mit ä-u-äu von Laus	Zäune mit ä-u-äu von Zaun

Ä, ä	Ö, ö	Ü, ü
Käse	Öl	üben
Mädel	Öse	über
Rätsel	mögen	für
Ähre	böse	Tür
Bäder	lösen	Tüte
Räder	Möwe	Gemüse
Bär	möchte	Schüler
Käfer	hören	Büro
Säge	Wörter	Küche
sägen	Töne	müde
Mädchen	Körner	Müsli
Märchen	Löwe	Bücher

Einsetzübung

1. Setze die fehlenden Buchstaben ein. Entscheide dich für **ä, ö** oder **ü**. Wichtig ist, dass immer ein sinnvolles Wort entsteht.

Gem___se	___se	B___r	K___se	___ben	K___fer
T___te	___ber	K___che	m___chte	l___sen	f___r
M___dchen	B___ro	R___tsel	S___ge	h___ren	b___se

Reimen

2. Schreibe die Reimwörter dazu. Findest du noch mehr?

Räder	Tüte	lösen	üben
B___	G___	d___	R___
___	H___	Ö___	dr___
___	___	b___	___

Wortfamilien finden

3. Suche verwandte Wörter zu diesen Wortfamilien!

sägen, ___

hören, ___

lügen, ___

Silbenrätsel: Wörter mit den Umlauten Ä, ä/Ö, ö/Ü, ü

1. Löse das Silbenrätsel so, dass alle Silben zu sinnvollen Wörtern zusammengefügt werden!

Mä	sel	Bü	Rät	ren	de	Bü	se
ro	hö	mü	del	gel	Tü	bö	te

Lösungen

2. Welche Wörter beginnen so? Schreibe eine zweite passende Silbe dazu! Beachte, dass jedes Wort ein **ä, ö** oder **ü** haben muss. Kennzeichne **ä, ö** oder **ü** verschiedenfarbig. Es gibt mehrere Möglichkeiten. Wichtig ist, dass immer ein sinnvolles Wort entsteht.

l**ö**-sen	Mä-	Bä-
hö-	Kü-	Rä-
Sä-	Bü-	bö-
Rät-	Lö-	mü-
Müs-	Kör-	möch-
Mär-	Tö-	sä-
Bü-	Wör-	Bü-
Kä-	Rü-	Kür-

3. Lustige Wörter: Schreibe die Wörter richtig daneben!

CHEN – MÄR		CHEN – MÄR – FEE	
GEL – BÜ		TER – BUCH – WÖR	
PEL – RÜ		BÖ – WICHT – SE	
LI – MÜS		MÜ – GE – SE	
SEL – RÄT		RO – BÜ – TÜR	
DE – MÜ		NER – BROT – KÖR	

-el	-en	-er
Seg**el**	Bes**en**	Bau**er**
Heb**el**	Rech**en**	Mal**er**
Reg**el**	Balk**en**	Melk**er**
Gab**el**	Hark**en**	Leit**er**
Rud**el**	Reg**en**	Räub**er**
Möb**el**	Sach**en**	Käuf**er**
Keg**el**	Kart**en**	Maur**er**
Kug**el**	Hauf**en**	Käf**er**
Hag**el**	Reif**en**	Met**er**
Henk**el**	Feil**en**	Fei**er**
Mäd**el**	Mag**en**	Rud**er**
Hob**el**	Bog**en**	Wint**er**

Einsetzübung

1. Setze die fehlenden Buchstaben ein. Entscheide dich für **-el, -en** oder **-er**. Manchmal gibt es mehrere Möglichkeiten. Wichtig ist, dass immer ein sinnvolles Wort entsteht.

Hak___	Rud___	Wint___	Hag___	Möb___
Met___	Reif___	Fei___	Bog___	Räub___
Sach___	Mäd___	Käf___	Kug___	Seg___

Reimen

2. Schreibe die Reimwörter dazu. Findest du noch mehr?

Regel	Haufen	Geier	Sachen
S___	k___	F___	w___
K___	l___	M___	m___
P___	r___	L___	___
___	___	___	___

Einzahl und Mehrzahl

3. Setze die fehlenden Formen ein.

Einzahl	Mehrzahl	Einzahl	Mehrzahl
der Haken		der Geier	
der Käfer			die Käufer
	die Segel		die Ruder
der Reifen		der Hebel	
	die Kugeln		die Henkel
der Maler		der Besen	
	die Hobel		die Becher
das Rudel			die Feilen

Silbenrätsel: Wörter mit den Endungen -el, -en und -er

1. Löse das Silbenrätsel so, dass alle Silben zu sinnvollen Wörtern zusammengefügt werden!

Re	Ku	ren	Gei	Bü	fen	Se	Tü
der	er	gel	Kin	gel	gel	Hau	gel

Lösungen

2. Welche Wörter beginnen so? Schreibe eine zweite passende Silbe dazu! Beachte, dass jedes Wort die Endung **-el, -en** oder **-er** haben muss. Kennzeichne die Endungen **-el, -en, -er** verschiedenfarbig. Es gibt mehrere Möglichkeiten. Wichtig ist, dass immer ein sinnvolles Wort entsteht.

Hau-	Ru-	Rei-
Win-	Mö-	Sa-
Ke-	Bal-	Mau-
Ho-	He-	Lei-
Bau-	Ma-	Rei-
Re-	Mel-	Ta-
Be-	Gei-	Ma-
Me-	Fei-	Mä-

3. Lustige Wörter: Schreibe die Wörter richtig daneben!

BER – RÄU		FEN – HAU – MIST	
KE – HAR		PIN – SEL – LER – MA	
KAR – TEN		HOLZ – GEL – KU	
SEN – BE		GEL – BAUM – KU	
BEL – MÖ		ER – MILCH – BAU	
FER – KÄ		BEL – HOLZ – HE	

sch	ch_1
Kir**sch**e 	Kir**ch**e 
Wä**sch**e	Wä**ch**ter
Fi**sch**	Fi**ch**te
Ta**sch**e	Kü**ch**e
ra**sch**	rei**ch**
lö**sch**en	rie**ch**en
zi**sch**en	Zei**ch**en
wi**sch**en	Wi**ch**tel

Einsetzübung

1. Setze die fehlenden Buchstaben ein. Entscheide dich für **sch** oder **ch_1**. Manchmal gibt es mehrere Möglichkeiten. Wichtig ist, dass immer ein sinnvolles Wort entsteht.

Fi___te Ma___e Wä___e Zei___en re___nen ra___eln

rei___ ra___ lö___en zi___en Ta___e Kir___e re___ts

Wei___e Kir___e wa___en Wi___tel Re___en

Reimen

2. Schreibe die Reimwörter dazu. Findest du noch mehr?

reich	Taschen	Zeichen	zischen
T________	M________	W________	w________
w________	w________	r________	m________
________	n________	________	f________
________	________	________	________

Einzahl und Mehrzahl

3. Setze die fehlenden Formen ein.

Einzahl	Mehrzahl	Einzahl	Mehrzahl
die Masche		das Gedicht	
die Weiche			die Kirchen
	die Becher	die Eiche	
	die Wichte	das Licht	
der Rechen		die Kirsche	
	die Taschen		die Fichten
der Fisch			die Gerichte
	die Teiche	die Schicht	

Rechtschreibübungen: Wörter mit ch_1 und sch

lesen	abschreiben	berichtigen	diktierte Wörter	berichtigen
Wäsche				
Küche				
rasch				
zischen				
reich				
Kirche				
Wichtel				
Kirsche				

Hörübungen: Gleich oder ungleich?

Hinweis für die Lehrkraft:

Die Lehrkraft verdeckt ihren Mund und liest dann in Normallautstärke die Wortpaare vor.
Die Schüler kreuzen in ihrer Tabelle an. Anschließend wird verglichen.

Aufgabe:

1. Ich nenne dir Wörter mit ch_1 und sch.
2. Klingen diese Wörter gleich, dann kreuze bei gleich an!
   Klingen sie verschieden, dann kreuze bei ungleich an!

ch_1 oder sch?

für die Lehrkraft — für den Schüler

	ch_1 oder sch?		gleich	ungleich
1.	waschen – waschen	1.		
2.	Geräusch – Gericht	2.		
3.	Fisch – Fichte	3.		
4.	Löcher – Löscher	4.		
5.	zischen – Zeichen	5.		
6.	Licht – Wicht	6.		
7.	wichtig – wischen	7.		
8.	Küche – Uschi	8.		
9.	Kirche – Kirsche	9.		
10.	leuchten – leuchten	10.		

J, j	Ch_1, ch_1
Jojo 	Wi**ch**tel 
Juni	**Ch**inesen
Juli	Kü**ch**e
Jaguar	mö**ch**te
Jäger	Be**ch**er
Januar	Zei**ch**en
Ma**j**a	Ei**ch**e
Ka**j**üte	Li**ch**t

Einsetzübung

1. Setze die fehlenden Buchstaben ein. Entscheide dich für **J, j** oder **Ch_1, ch_1**. Wichtig ist, dass immer ein sinnvolles Wort entsteht.

___anuar Ko___e ___uli ni___t ___aguar Li___t

Kü___e ___äger Be___er Bü___er Ka___üte ___a

re___nen ___agen ___emand ___o___o Ei___e

___uni ___ina ___ede ___inese Wi___t

Reimen

2. Schreibe die Reimwörter dazu. Findest du noch mehr?

Koje	Licht	weich	jagen
B____________	W____________	T____________	W____________
____________	S____________	r____________	s____________
____________	n____________	____________	____________

Einzahl und Mehrzahl

3. Setze die fehlenden Formen ein.

Einzahl	Mehrzahl	Einzahl	Mehrzahl
die Küche			die Bojen
der Chinese			die Kojen
	die Becher	die Eiche	
	die Wichte	das Licht	
der Rechen			die Jäger

Silbenrätsel: Wörter mit sch, ch_1 und j

1. Löse das Silbenrätsel so, dass alle Silben zu sinnvollen Wörtern zusammengefügt werden!

Wä	che	li	Du	sche	cher	rie	je
ja	Ju	Kü	gen	sche	Be	Ko	chen

Lösungen

2. Welche Wörter beginnen so? Schreibe eine zweite passende Silbe dazu! Beachte, dass jedes Wort ein **sch, ch_1** oder ein **j** haben muss. Kennzeichne **sch, ch_1** oder **j** verschiedenfarbig. Es gibt mehrere Möglichkeiten. Wichtig ist, dass immer ein sinnvolles Wort entsteht.

rau-**sch**en	Zei-	rie-
ra-	Scha-	Wä-
Kü-	Lich-	zwi-
Du-	schau-	ku-
Bü-	Tü-	Ma-
Wich-	wi-	lä-
wa-	Be-	Ko-
Jä-	lau-	Leuch-

3. Lustige Wörter: Schreibe die Wörter richtig daneben!

SCHELN – RA		CHE – JAU – LOCH	
GEN – JA		CHEN – KÜ – TÜR	
CHELN – LÄ		GES – LICHT – TA	
JE – KO		FREU – SCHA – DEN – DE	
MAND – JE		LICH – BAUM – TER	
SCHEN – DU		HUT – GER – JÄ	

1 Laut – 2 Buchstaben

 **F, f** er **f**iel	**V, v**  **v**iel, Vielfraß
Feile	**V**ogel
Fisch	**V**ater
fein	**v**or, **v**on
faul	**V**eilchen
El**f**e	**v**ersuchen
Scha**f**	**v**orbei

V, v wie F, f	V, v wie W, w
von, **v**or, **v**om	**V**ulkan
Vater	La**v**a
Vogel	**V**enus
Volk	**V**entil
Veilchen	**V**ampir
Vorsilbe	No**v**ember
Vorsicht, **v**or-	Kur**v**e
Verbot, **v**er-	Kla**v**ier
be**v**or	**V**anessa
viele	El**v**ira
vier	**V**ase

Sprechtheater zum f-Laut (Buchstaben F, f und V, v)

F ist 1 Laut.	Achtung!	Er hat 2 Buchstaben.	F (ef) und V (vau).	Ich merke mir
die Wörter so:	er fiel mit f	viel von Vielfraß mit v	Vater mit v	vor, von, vom mit v
Veilchen mit v	Fisch mit f	Feile mit f	Vogel mit v	Schaf mit f
vier mit v	vorbei mit v	faul mit f	Vorsilbe ver- mit v	versuchen mit v

Eszett (-ß) klingt wie Schlangen-s!

ß	Schlangen-s
Maß	Ei**s**
weiß	Los, lo**s**
Fuß	Mau**s**
heiß	Rei**s**
süß	Ga**s**
Schoß	Hau**s**
Geiß	Bu**s**
groß	Schmau**s**
Fleiß	au**s**
Gruß	Lau**s**

Silbenteppich: Selbstlaute und Endungen

	a	**e**	**i**	**o**	**u**	**-en**	**-el**	**-er**
m	ma	me	mi	mo	mu	men	mel	mer
r	ra	re	ri	ro	ru	ren	rel	rer
s	sa	se	si	so	su	sen	sel	ser
n	na	ne	ni	no	nu	nen	nel	ner
f	fa	fe	fi	fo	fu	fen	fel	fer
l	la	le	li	lo	lu	len	lel	ler
h	ha	he	hi	ho	hu	hen	hel	her
p	pa	pe	pi	po	pu	pen	pel	per
t	ta	te	ti	to	tu	ten	tel	ter
k	ka	ke	ki	ko	ku	ken	kel	ker
b	ba	be	bi	bo	bu	ben	bel	ber
d	da	de	di	do	du	den	del	der
g	ga	ge	gi	go	gu	gen	gel	ger
ch_1	cha	che	chi	cho	chu	chen	chel	cher
ch_2	cha	che	chi	cho	chu	chen	chel	cher
w	wa	we	wi	wo	wu	wen	wel	wer
z	za	ze	zi	zo	zu	zen	zel	zer

Silbenteppich: Umlaute und Zwielaute

	ä	ö	ü	au	ei	eu
m	mä	mö	mü	mau	mei	meu
r	rä	rö	rü	rau	rei	reu
s	sä	sö	sü	sau	sei	seu
n	nä	nö	nü	nau	nei	neu
f	fä	fö	fü	fau	fei	feu
l	lä	lö	lü	lau	lei	leu
h	hä	hö	hü	hau	hei	heu
p	pä	pö	pü	pau	pei	peu
t	tä	tö	tü	tau	tei	teu
k	kä	kö	kü	kau	kei	keu
b	bä	bö	bü	bau	bei	beu
d	dä	dö	dü	dau	dei	deu
g	gä	gö	gü	gau	gei	geu
ch_1	chä	chö	chü	chau	chei	cheu
ch_2	chä	chö	chü	chau	chei	cheu
w	wä	wö	wü	wau	wei	weu
z	zä	zö	zü	zau	zei	zeu

Silbenteppich: Selbstlaute und Endungen

	a	e	i	o	u	-en	-el	-er
m								
r								
s								
n								
f								
l								
h								
p								
t								
k								
b								
d								
g								
ch_1								
ch_2								
w								
z								

Silbenteppich: Umlaute und Zwielaute

	ä	ö	ü	au	ei	eu
m						
r						
s						
n						
f						
l						
h						
p						
t						
k						
b						
d						
g						
ch_1						
ch_2						
w						
z						

Spielerische Leseübungen mit dem Silbenteppich

1. Leseübungen

Die Kinder lesen Abschnitte aus dem Silbenteppich waagerecht oder senkrecht vor und zeigen dazu die entsprechenden Lautgebärden. Bei ma werden also die Gebärden für m und a nacheinander gezeigt.

z. B.: ma, ra, sa oder ma, me, mi, mo, mu, usw.

m	ma	me	mi	mo	mu	men	mel	mer
r	ra	re	ri	ro	ru	ren	rel	rer
s	sa	se	si	so	su	sen	sel	ser

Hinweis!
Es ist empfehlenswert, dass man nicht den ganzen Silbenteppich lesen und zeigen lässt, sondern immer nur etwa 3 zuletzt gelernte Laute bzw. Buchstaben.

2. Quatschwörter bilden

Wir sprechen heute wie die Menschen in Asien. Dazu bilden wir Quatschwörter! Überlegt euch, wer diese Wörter sagen könnte, z. B.: Tante, Lehrer, Doktor u. a.
(Wichtig ist, dass die Kinder ihre Wörter vorlesen können.)

Beispiele mit m, r, s

1. Bildet 3 **zwei**silbige Wörter, z. B.: siro, misa, ruser
2. Bildet 3 **drei**silbige Wörter, z. B.: sumenre, senraso, menreso
3. Bildet 3 **vier**silbige Wörter, z. B.: melrensumo, romerelsel, sarumenser

m	ma	me	mi	mo	mu	men	mel	mer
r	ra	re	ri	ro	ru	ren	rel	rer
s	sa	se	si	so	su	sen	sel	ser

Beispiele mit p, t, k und b, d, g

1. Bildet 3 **zwei**silbige Wörter, z. B.: pado, kabi
2. Bildet 3 **drei**silbige Wörter, z.B.: pikubel, bagoten, kaboger
3. Bildet 3 **vier**silbige Wörter, z.B.: bendigaker, tipebuta, getipoba

p	pa	pe	pi	po	pu	pen	pel	per
t	ta	te	ti	to	tu	ten	tel	ter
k	ka	ke	ki	ko	ku	ken	kel	ker
b	ba	be	bi	bo	bu	ben	bel	ber
d	da	de	di	do	du	den	del	der
g	ga	ge	gi	go	gu	gen	gel	ger

3. Sinnvolle Wörter suchen

Findet sinnvolle Wörter! Wer findet die meisten?

Beispiele mit m, r, s

z. B.: mama, rosa, rose, rosel, resi

m	ma	me	mi	mo	mu	men	mel	mer
r	ra	re	ri	ro	ru	ren	rel	rer
s	sa	se	si	so	su	sen	sel	ser

Beispiele mit p, t, k und b, d, g

z. B.: papa, gabe, geben, bodo, kabel

p	pa	pe	pi	po	pu	pen	pel	per
t	ta	te	ti	to	tu	ten	tel	ter
k	ka	ke	ki	ko	ku	ken	kel	ker
b	ba	be	bi	bo	bu	ben	bel	ber
d	da	de	di	do	du	den	del	der
g	ga	ge	gi	go	gu	gen	gel	ger

Achtung!

Hierbei handelt es sich ausdrücklich um Lautsprache. Die Rechtschreibung steht nicht im Vordergrund. Kennt ein LRS-Kind Rechtschreibregeln, dann kann es diese auch anwenden.

Lösungen

Wörter mit m und n

S. 10: Einsetzübung

1. Mama, Oma, Moni, am/an, Sauna, am/an, um, nein/mein, nun, reimen, Name, ein, sein, mir, Maus, Rosine

S. 11: Silbenrätsel

1. Mona, Nina, Nora, minus, meine, seine, nanu, Meise

S. 11: Lustige Wörter

3. Nina, Ramona, Nino, Rosine, Nena, Nora, Momo, Sirene, Roman, Simone

S. 12: Optische Differenzierungsübung

m: 79, n: 61

Wörter mit au und ei

S. 14: Einsetzübung

1. sausen, Eisen, Sauna, Meise, Raum/Reim, Eimer, Mauer, Maus, Aurora, Reim/Raum, sein, Reise, reimen, Reis, nein, mein, Eis/aus

S. 15: Silbenrätsel

1. Eisen, Reise, Eimer, Mauer, Sauna, sausen, meine, Meise

S. 15: Lustige Wörter

3. Eimer, Sauna, Eisen, reimen, Eiseneimer, reisen, Ameisen, sausen

Wörter mit w und f

S. 18: Einsetzübung

1. Ware, Feier, laufen, wach/Fach, Hafer, Hafen, Weile/Feile, weich, Ferien, fein/Wein, faul, Wache, Fach/wach, weinen, Wein/fein, warum, Feile/Weile, woher

S. 19: Silbenrätsel

1. Weile, Hilfe, Elfe, warum, Reifen, laufen, hinauf, Hafen

S. 19: Lustige Wörter

3. Reifen, ausweichen, warum, anweisen, rufen, hinlaufen, Hafer, einseifen, Weile, umwerfen, Hafen, aufrufen

Wörter mit s und z

S. 23: Einsetzübung

1. Seil, Weizen, Zaun, Sofa, zum, zu, Ranzen, reisen/reizen, Zofe, Maus, sicher, so, zur, Zeile/Seile, Samen, Heizer, Hose, rosa

S. 24: Silbenrätsel

1. Minze, Seife, Sofa, Heizer, Weizen, Wanze, Ranzen, Hose

S. 24: Lustige Wörter

3. Sofa, Hafen, Zeile, Rasensamen, Minze, Samenkorn, rosa, Eisenzaun, Weile, Baumwurzel

Wörter mit ch_1, ch_2 und r

S. 27: Einsetzübung

1. ich, ach, Sachen, mich, fauchen, sicher, Wache, Woche, wachsam, rauchen, rechnen, sich, auch, noch, lachen

S. 28: Silbenrätsel

1. Woche, Sachen, rechnen, Eichel, Sichel, Zeichen, rauchen, weichen

S. 28: Lustige Wörter

3. Woche, sicherlich, Wache, Elfenreich, Suche, Rauchzeichen, wachsam, Chinese, Eichel, zumachen, China, Reifenloch

S. 31: Einsetzübung

1. Sachen, zur, suchen, Wache/Ware, Zar, wachen/waren, Erwin, Woche, mir, auch, Lore, wir, wachsam, Lara, fauchen

S. 31: Lustige Wörter

3. Warenhaus, anfauchen, auslachen, aussuchen, Hosenloch, Hofwache

Wörter mit b und p

S. 35: Einsetzübung

1. Lampe, Pause, Paul, Polizei, Raupe, Rabe, Lupe, sauber, heben, Pampe, leben, Bus, Pauline, loben, Hupe, Polen, Laube, bei

S. 36: Silbenrätsel

1. Bauer, Palme, Rabe, Raupe, Laube, Hobel, Pause, Lupe

S. 36: Lustige Wörter

3. Paula, Posaune, Laube, Laubenbau, Nebel, Polizei, Hebel, Pausenhof, Pampe, Pauline, haben, Rapunzel

Wörter mit d und t

S. 38: Einsetzübung

1. Dose, Pute, Dach, Feder, reden, Daumen, beide, leider, Auto, teilen, Dame, Teich, Tuch, teuer, dabei, dich, Domino, Tal

S. 39: Silbenrätsel

1. Seite, Feder, Pute, Dusche, raten, dabei, Dame, Tante

S. 39: Lustige Wörter

3. Nudel, Halstücher, Nadel, Damenhut, Tinte, Weidenzaun, reden, Taubennest, teilen, Taufpate, Pute, Laterne

Wörter mit g und k

S. 41: Einsetzübung

1. Gurke, kauen, Gabel/Kabel, Regen, Keil, Kuchen, Urkunde, Pokal, Geißlein, Geige, Kabel/Gabel, Karte, Gaumen, Riegel, gut, gegen, Igel, Garten

S. 42: Silbenrätsel

1. Kabel, Geige, Paket, Kamel, Regen, Hagel, Haken, zeigen

S. 42: Lustige Wörter

3. Keiler, Rakete, Hagel, Geigenbogen, Paket, Kuchenteig, Kegel, Kuchengabel, Gurke, Salatgurken, Pokal, Dachluke

S. 43: Einsetzübung

p oder b?	t oder d?	k oder g?
Buch	Dame	kaufen
Raupe	Tomate	Gabel/Kabel
Polizei	Daumen	Kugel
Kumpel	weit	Kegel
reiben	reden	Haken/Hagen (Stadt)
Pate	Tuch	Kuchen
Zauberer	Tapete	Garten
Pute	Reiter	zeigen
Beule	Wade	kochen
Rabe	Leder	Regen
baden	rot	Kamel
loben	Telefon	Geige

S. 49: Optische Differenzierungsübung

b: 68, d: 52

S. 50: Optische Differenzierungsübung

b: 44, d: 44, p: 35, q: 31

Wörter mit ie und ei

S. 52: Einsetzübung

1. Wiese/Weise, keinen, Siebe, Weide, Wiesel, Tier, herein, hierher, nie, ein, Geige, Polizei, viel, vier, Bein, Ziel, Zeit, dein

S. 53: Silbenrätsel

1. Kiesel, sieben, Reise, Miete, Leiter, hierher, Zeiger, Feige

S. 53: Lustige Wörter

3. Diesel, Bienenhaus, Biene, Weidenzaun, Wiesel, Holzleiter, Weide, Heftzeile, Reiter, Reiterfest, Ziegel, Liederbuch, Kiesel, Zugreise

Wörter mit den Zwielauten au, ei und eu

S. 56: Einsetzübung

1. Auge, Eichel, Euro, Heu, Feuer/Feier, Zeit, heute, leise, Taube, Laute/Leute, teuer, taufen, Eulen, heulen, Reis, Beutel, kaufen, eure

S. 57: Silbenrätsel

1. Eule, Beule, Euro, Zeuge, Taube, Eichel, Leute, Auge

S. 57: Lustige Wörter

3. Pauke, Pausenhof, Pause, Holzleiter, Reibe, Leuchtfeuer, Leuchter, Heuhaufen, Eule, Autodach

Wörter mit den Zwielauten äu und eu

S. 60: Einsetzübung

1. Mäuse, Mäuler, Feuer, Zäune, Beutel, Teufel, Räuber, Läufer, Euro, Läuse, Bäume, Heu, Bäuche, Eule, Leute, teuer, eure, euch

S. 61: Silbenrätsel

1. Beule, teuer, Mäuse, Feuer, Bäume, Teufel, Räuber, Zäune

S. 61: Lustige Wörter

3. Nadelbäume, Dorfhäuser, Feuermelder, Lederbeutel, Euroschein

Wörter mit den Umlauten ä, ö und ü

S. 64: Einsetzübung

1. Gemüse, Öse, Bär, Käse, üben, Käfer, Tüte, über, Küche, möchte, lösen, für, Mädchen, Büro, Rätsel, Säge, hören, böse

S. 65: Silbenrätsel

1. Mädel, Büro, Rätsel, Bügel, hören, müde, Tüte, böse

S. 65: Lustige Wörter

3. Märchen, Märchenfee, Bügel, Wörterbuch, Rüpel, Bösewicht, Müsli, Gemüse, Rätsel, Bürotür, müde, Körnerbrot

Wörter mit den Endungen -el, -en und -er,

S. 67: Einsetzübung

1. Haken, Rudel, Winter, Hagel/Hagen, Möbel, Meter, Reifen, Feier, Bogen, Räuber, Sachen, Mädel, Käfer, Kugel, Segel/Segen

S. 68: Silbenrätsel

1. Regel, Kugel, Bügel, Segel, Kinder, Geier, Haufen, Türen

S. 68: Lustige Wörter

3. Räuber, Misthaufen, Harke, Malerpinsel, Karten, Holzkugel, Besen, Baumkugel, Möbel, Milchbauer, Käfer, Holzhebel

Wörter mit sch, ch_1 und j

S. 70: Einsetzübung

1. Fichte, Masche, Wäsche, Zeichen, rechnen, rascheln, reich, rasch, löschen, zischen, Tasche, Kirche/Kirsche, rechts, Weiche, Kirsche/Kirche, waschen, Wichtel, Rechen

S. 74: Einsetzübung

1. Januar, Koje, Juli, nicht, Jaguar, Licht, Küche, Jäger, Becher, Bücher, Kajüte, ja, rechnen, jagen, jemand, Jojo, Eiche, Juni, China, jede, Chinese, Wicht

S. 75: Silbenrätsel

1. Wäsche, Dusche, Küche, jagen, Becher, riechen, Koje, Juli

S. 75: Lustige Wörter

3. rascheln, Jaucheloch, jagen, Küchentür, lächeln, Tageslicht, Koje, Schadenfreude, jemand, Lichterbaum, duschen, Jägerhut